질문으로
시작하는
초대 ❓

100% 성공하는 네트워크 마케팅
질문으로 시작하는 초대

초판 12쇄 발행 | 2024년 6월 30일

지은이 | 이하나
발행인 | 김태영
발행처 | 씽크스마트
주　소 | 경기도 고양시 덕양구 청초로 66, 덕은리버워크 B동 1403호
전　화 | 02-323-5609
팩　스 | 02-337-5608

ISBN 978-89-6529-152-7(13320)

* 잘못된 책은 구입한 서점에서 바꿔드립니다.
* 이 책의 내용, 디자인, 이미지, 사진, 편집구성 등을 전체 또는 일부라도 사용할 때에는
  저자와 발행처 양쪽의 서면으로 된 동의서가 필요합니다.
* 원고 | kty0651@hanmail.net

이 도서의 국립중앙도서관 출판예정목록(CIP)은 서지정보유통지원시스템 홈페이지(http://seoji.nl.go.kr)와
국가자료공동목록시스템(http://www.nl.go.kr/kolisnet)에서 이용하실 수 있습니다.(CIP제어번호:2016024275)

씽크스마트·더 큰 생각으로 통하는 길

사업자 800만 명을 위한 질문 워크북

100% 성공하는
네트워크 마케팅
질문으로 시작하는 초대

이하나 지음

프롤로그

 2016년 7월 14일에 국내 네트워크 마케팅 시장 매출액이 5조 원을 돌파했다는 기사를 보았습니다. 800만 명, 곧 국민 6명 중 1명이 네트워크 마케터인 셈입니다. 경기 불황에 고용시장이 좋지 않으니 일자리를 찾아 네트워크 마케팅으로 사람들이 몰리고 있다는 분석이 나옵니다. 이는 200만 명에 가까운 판매원이 후원수당을 받아간다는 이야기이기도 합니다. 사람들이 몰리는 현상에 비해 열악한 교육시스템과 재무가 좋지 않은 회사 그리고 아이템 퀄리티 또한 문제가 되고 있습니다. 초기 자본이 들지 않는 네트워크 사업을 선택하기 전에 반드시 회사, 아이템, 보상플랜, 타이밍, 교육시스템을 꼼꼼히 확인해보시기 바랍니다. 충분히 확인하고 회사를 선

택한 다음에는 결코 그 회사에 대한 신념이 흔들리면 안 됩니다.

  네트워크 마케팅을 흔히 영업으로 생각하는 분들이 있는데《협상의 한 수》(오명호저, 씽크스마트, 2015.)를 보면 영업과 마케팅에 대해 다음과 같이 정의하고 있습니다. "영업은 내 상품을 고객에게 파는 것이고, 마케팅은 고객이 뭘 필요로 하는지 조사한 후 그 물건을 파는 것이다. 판다는 건 같지만, 관점이 반대다." 우리의 일은 네트워크 영업이 아니라 네트워크 마케팅에 해당하는 것입니다. 여러분은 다단계 판매원이 아닌 네트워크 마케터이므로 이제부터 마케팅 전문가가 되셔야 합니다.

이 책은 이제 막 네트워크 마케팅 비즈니스를 시작한 초기사업자를 위해 만들어졌습니다. 저 또한 초기사업자 시절이 있었습니다. 수많은 시행착오와 실수를 반복했습니다. 초기사업 당시에 저는 나이가 어린 데다 임산부였고, 인맥이 전혀 없이 이 비즈니스를 시작했습니다. 지금은 사업자이자 강연 전문가, 교육업 대표로 활동 중입니다. 이제 6년 동안 시행착오를 겪으면서 배운 노하우를 공개하려고 합니다. 이 책은 단순히 읽는 책이 아닙니다. 가방 속에 넣고 다니면서 줄줄 외워야 하는 네트워크 마케팅 실전을 위한 '컨택 대본'입니다. 어떤 사람을 만나기 전, 예상 질문을 숙지하고 연습하는 대본과 같은 책입니다.

한번 읽고 덮어서는 절대 안 됩니다. 꼭 100회 이상은 대답이 아닌 '질문하는 연습'을 하시기 바랍니다. 우리나라 사람들 대부분은 질문보다는 대답에 익숙합니다. 지피지기 백전불태(知彼知己百戰不殆). '적을 알고 나를 알면 백 번 싸워도 위태롭지 않다'는 《손자병법》의 말처럼 네트워크 4.0 시대에 맞추어 혁신적인 사업가가 되길 바랍니다. 저는 가족과 소통할 때도 질문을 빼놓지 않습니다. 네트워크 마케팅 사업자가 되셨다면 전달하는 데 급급하기보다는 경청하는 습관을 들이고 상대방의 필요에 집중하시기 바랍니다. 그리하면 훗날 멋지게 성공한 사업자, 멋진 리더로 거듭나실 겁니다.

사람들이 네트워크 마케팅에 쉽게 접근하지만 얼마 안 되어 포기하는 경우가 많습니다. 대부분 제대로 준비되지 않은 상태에서 무턱대고 이야기하게 되는데 바로 그 과정에서 만나는 당황스러운 질문들 때문입니다. 그 질문에 제대로 대답하지 못하고 상처받으면서 네트워크 사업이 적성에 맞지 않다는 이유로 그만두고 맙니다.

네트워크 마케팅 비즈니스는 초기 3개월이 너무나도 중요합니다. 이 책은 이제 사업을 시작한 분들이 가장 많이 듣는 질문에 당황하지 않고 대화를 풀어나갈 수 있게 도와줄 것입니다. 소비자 또는 사업자를 만나기 5분 전, 꼭 이 책을 훑어보고 대화를 이끌어 나가길 바랍니다. 저도 이 방법으로 200%의 성공확률을 얻었습니다.

차 례

프롤로그 ——————————————————— 4

1장 질문 사용설명서

1. 컨택에서 가장 중요한 5가지 ——————— 14
무조건 들어라
진짜 거절은 없다, 가짜 거절을 즐겨라
'왜'라는 재질문 던지기
멋진 첫인상 남기는 방법
컨택 시 피해야 하는 3가지

2. 3·3·3 법칙을 지켜라 ——————————— 21

2장 가장 많이 듣는 '철벽 질문' 10가지

1. 그거 다단계, 피라미드 아닌가요? ——————— 28
모의연습 / 선택형 질문 / 공감형 질문

2. 다단계 제품은 너무 비싸요 ————————— 32
모의연습 / 선택형 질문 / 공감형 질문

3. 우리 가족이 결사반대합니다 ——————— 36
모의연습 / 선택형 질문 / 공감형 질문

4. 시간이 너무 없어요 ——————————— 40
모의연습 / 선택형 질문 / 공감형 질문

5. 전혀 관심이 안 가요 ——————————— 44
모의연습 / 선택형 질문 / 공감형 질문

6. 인맥이 거의 없어요 ——————————— 48
모의연습 / 선택형 질문 / 공감형 질문

7. 우리 아이 챙기는 게 더 급해요 ——————— 52
모의연습 / 선택형 질문 / 공감형 질문

8. 판매는 영 자신이 없어요 —————————— 56
모의연습 / 선택형 질문 / 공감형 질문

9. 주변에서 성공한 사람을 한 명도 못 봤네요 ——— 60
모의연습 / 선택형 질문 / 공감형 질문

10. 저는 진짜 말을 잘 못해요 ————————— 64
모의연습 / 선택형 질문 / 공감형 질문

3장   가장 까다로운 '난감 질문' 10가지

1. 제 이미지만 나빠질 것 같은데요 ———————————— 72
선택형 질문 / 공감형 질문

2. 회원가입이 싫은데 그냥 당신 코드로 구입해주세요 —— 74
선택형 질문 / 공감형 질문

3. 혼자서는 자신이 없어요 ———————————————— 76
선택형 질문 / 공감형 질문

4. 그래서 당신은 지금 얼마나 벌어요? ———————— 78
선택형 질문 / 공감형 질문

5. 지금 시작하면 이미 늦은 거 아닌가요? ———————— 80
선택형 질문 / 공감형 질문

6. 세미나에 가기 싫은데요 ———————————————— 82
선택형 질문 / 공감형 질문

7. 결국 상위 분들만 돈을 버는 거 아닌가요? ———————— 84
선택형 질문 / 공감형 질문

8. 대체 무슨 일하는 분이세요? ─────── 86
선택형 질문 / 공감형 질문

9. 왜 광고를 하지 않나요? ─────── 88
선택형 질문 / 공감형 질문

10. 이거 얼마 만에 효과를 보는데요? ─────── 90
선택형 질문 / 공감형 질문

에필로그 ─────── 92

1. 컨택에서 가장 중요한 5가지

2. 3·3·3 법칙을 지켜라

질문 사용설명서

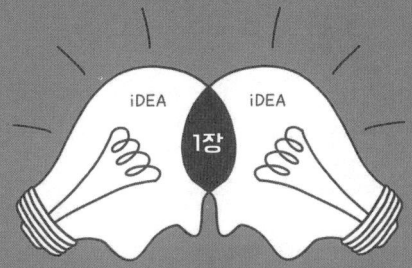

1 컨택에서 가장 중요한 5가지

무조건 들어라

의사소통의 90% 이상은 상대방의 음성, 몸짓, 표정, 외모 그리고 듣는 자세에 따라 결정됩니다. 그런데 사람들은 남의 이야기를 듣기보다는 본인 이야기를 많이 하는 편입니다.

제가 개인적으로 존경하는 리더가 한 말입니다. "1시간 상담 후에 상대적으로 말을 많이 한 사람은 뒤통수가 뜨거울 겁니다." 무슨 뜻일까요? 초보 사업자는 대개 본인이 얼마나 알고 있는지에 관해 강력하게 이야기합니다. 하지만 상대방은 당신이 얼마나 아는지보다는 자신에게 얼마나 관심 있는지를 중요하게 생각합니다. 경청

하는 일은 연습해야 가능하며 연습해야 이전 습관이 고쳐질 수 있습니다. 경청은 매우 중요한 커뮤니케이션 능력입니다. 잘 말하기 위해서는 먼저 잘 들어야 합니다. 상대가 하는 말의 내용과 그 의도, 말 속에 담긴 진심을 잘 들어야 합니다. 훌륭한 리더로 성공하고 싶다면 일단 듣는 연습부터 해야 합니다.

진짜 거절은 없다, 가짜 거절을 즐겨라

많은 사업자 분들이 컨택을 어려워하는 이유가 바로 이 거절입니다. 다시 말해 거절에 대한 두려움 때문입니다. 그런데 사실 두려워할 이유가 없습니다. 거절하는 사람들이 정말 거절하는 것은 아닙니다. 실제로 내면에서는 다른 말을 하고 있습니다. 그 내면의 말을 찾아내는 것이 바로 컨택에서 해야 할 일입니다.

여기서 말하는 거절에는 두 가지 의미가 있습니다. 첫 번째는 상대방이 아이템 또는 회사에 전혀 관심이 없는 경우, 두 번째는 상대방의 니즈를 정확하게 끌어내지 못한 경우입니다. 초보사업자 대부분은 두 번째 경우에 해당합니다. 명심하세요! 모든 거절이 진짜 거절은 아닙니다. 여러분이 다음 장에 나올 질문들을 반복해서 연습한다면 거절에 대응하는 데 능숙해지실 겁니다.

'왜'라는 재질문 던지기

TED 강의로 유명한 사이먼 사이넥(Simon Sinek)을 일약 스타덤에 오르게 한 비밀은 '왜'라는 질문 한 글자였습니다. 사람의 마음을 움직이고 성취를 만들어내는 일은 '왜'라는 질문에서 출발해야 한다는 게 그의 주장입니다. 그는 우리 삶의 모든 것은 '왜'로부터 시작되어야 한다고 말했습니다.

우리는 재질문을 통해 상대방의 정확한 니즈를 파악할 수 있습니다. 《21세기 네트워크 마케팅을 위한 미라클모닝》(팻 페트리니 외 2인 저, 이형욱 역, 경향 BP, 2016.)에서는 "질문을 많이 하다 보면 당신의 아이템 또는 사업의 기회를 살펴보게 할 수 있는 일종의 로드맵이 그려

질 것입니다"라고 했습니다.

고객들은 대부분 우리가 이야기하는 통계, 사실, 전문용어 등은 잘 기억하지 못합니다. 하지만 상대방에 맞는 혜택을 주면 그들은 감동을 받고 기억합니다.《질문으로 시작하는 콜드컨택과 답변》(브래드 드헤이븐 저, 임형택 역, 나라, 2008.)에서는 "상대방, 고객이 그만 일어나주었으면 하고 바라기 15분 전에 일어나는 것이 가장 좋습니다"라고 강조합니다. 가려운 부분만 긁어주는 센스 있는 사업자가 되어야 합니다.

사소한 인연으로 만난 사람을 충성고객으로 만들기 위해서는 상대방에게 관심을 기울이고 질문을 통해 좀 더 깊숙이 파고드는 것이 좋습니다.

멋진 첫인상 남기는 방법

이제 막 사업을 시작한 사업자분이 가장 빠르게 달라 보일 수 있는 부분은 바로 외적 변화입니다. 주위에 있는 많은 분들이 여러분의 변화를 알아차릴 기회입니다. 컨택하러 갔을 때 내가 상대방에게 호감을 줄 수 있는 외모인지를 고려하고 준비해야 합니다.

멋진 첫인상을 남기는 3가지 요소가 있습니다. 바로 복장, 미소 그리고 악수입니다. 적당한 스킨십 곧 악수로 시작해서 눈을 마주치고 미소를 지으면서 이야기하는 것이 좋습니다. 그리고 남성은 정장에 타이를 착용하고, 여성은 하이힐과 스커트를 입는 것이 제일 좋습니다.

컨택 시 피해야 하는 3가지

첫째, 전화는 무조건 약속을 잡는 도구로만 사용해야 합니다. 절대로 사업에 대해 안내하는 멘트를 해서는 안 됩니다. 또한 전화로 30분 이상 제품이나 회사에 관해 설명해서는 안 됩니다. 컨택할 기회조차 사라질 수 있기 때문입니다.

둘째, 컨택은 오직 미팅이나 세미나를 초대하기 위한

목적입니다. 컨택할 때는 절대 그 자리에서 30분을 넘기지 않도록 하며 다음 미팅을 꼭 잡고 와야 합니다. 모든 답과 정보를 전하지 말고, 궁금증이 생기게 해야 합니다. 이게 바로 이 책의 핵심 포인트입니다. 궁금증을 불러일으키는 초대를 위해선 '상대방을 위한 진실한 마음'을 꼭 전달하셔야 합니다. 명심하세요! 컨택으로 모든 것을 이뤄서는 안 됩니다. 꼭 다음 약속이나 세미나에 초대하는 목적으로 해야만 합니다.

마지막으로 주의해야 할 반응에 대해 살펴보겠습니다. 컨택 시에 상대의 이야기를 듣고 "아닙니다, 그건 아닌 것 같습니다. 그렇지 않습니다. 아니요. 안 됩니다" 등의 반응을 보여서는 절대 안 됩니다. 우선 **긍정적으로 '네, 저도 그렇게 생각했습니다. 하지만….' '네, 당신의 말을 들어보니…' 등의 식으로 이어나가야 합니다.**

3·3·3 법칙 지켜라

3·3·3 이란?
3초(3초 쉬고),
3번(총 3번만),
3분(3분 이내)!
대화하는 법칙을 말합니다.

3초
쉴 때

3초를 쉬며 "아, 그렇죠." "맞아요." "그럴 수 있어요." 등의 긍정적 반응을 하면서 고개를 끄덕입니다. 꼭 눈을 마주치고 이야기합니다.

3번 묻기

질문은 되도록 3번을 넘기지 않아야 합니다. 1차, 2차, 3차 질문 후 간단한 대답으로 마무리를 합니다. 반드시 마지막에 '어떻게 생각하십니까?'라는 질문으로 마무리해야 합니다.(이것은 2장에서 같이 연습해보겠습니다.)

3분 이내

모든 컨택의 대화는 3분 이내로 마무리되는 것이 좋습니다. 상대방의 관심이 높다 해서 대화를 길게 하면 곧 상대방의 집중력은 현저히 줄어듭니다. 3분 이내라면 누구라도 100% 집중할 수 있을 만한 시간이지만, 3분이 지나면 어느새 상대방은 거절 또는 반박의 이야기를 하려고 준비 중일 것입니다. 컨택 후에는 반드시 상대방에게 '10분 더 괜찮으세요? 제대로 한번 들어보시겠어요?' 등 의견을 묻는 과정이 중요합니다.

1. 그거 다단계, 피라미드 아닌가요?
2. 다단계 제품은 너무 비싸요
3. 우리 가족이 결사반대합니다
4. 시간이 너무 없어요
5. 전혀 관심이 안 가요
6. 인맥이 거의 없어요
7. 우리 아이 챙기는 게 더 급해요
8. 판매는 영 자신이 없어요
9. 주변에서 성공한 사람을 한 명도 못 봤네요
10. 저는 진짜 말을 잘 못해요

가장 많이 듣는
'철벽 질문' 10가지

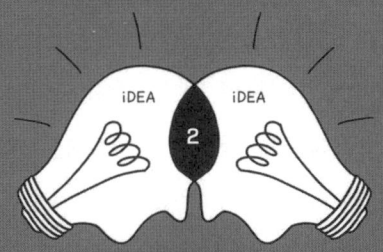

모의연습에서 알아야 할 것

- 질문을 통해 상대방이 원하는 니즈(편견)를 정확하게 파악해야 합니다.
- 상대방의 긍정적인 반응을 끌어낸 후, 장시간 브리핑하거나 단독으로 브리핑하는 것은 바람직하지 않습니다. 5분 정도의 간단한 브리핑이면 충분합니다.
- 한꺼번에 모든 정보를 주어선 안 됩니다. 궁금증을 남겨 두어야 합니다. 컨택의 목적은 오직 초대입니다.
- 약속을 잡을 때 시간과 날짜를 구체적으로 물어보는 것이 좋습니다.

선택형 질문, 공감형 질문에서 알아야 할 것

- 가장 많이 듣는 질문에 대응하는 방법은 크게 두 가지로 선택형 질문, 공감형 질문을 하는 것입니다. 둘 다 다음 약속을 잡기 위한 목적입니다.
- '선택형 질문'을 통해 질문에 질문으로 대응하면 여러분이 계속해서 대화를 주도할 수 있습니다.
- '공감형 질문'은 선택형 질문을 하기 전, 상대방의 부

정적 감정을 없애기 위한 목적의 질문입니다.
- 질문할 때 최성애 박사님의 감정코칭전문가 과정 중 핵심 3단계를 적용하도록 합니다.

  1단계. 부정적인 감정을 인정합니다.

  2단계. 거울식 반영법으로 가망고객의 질문을 다시 반복해서 인정합니다.

  3단계. '만약 ~ 하다면, 어떻게'로 질문합니다.

실전연습을 할 때 알아야 할 것

- 제시된 질문을 토대로 하되 반드시 자신만의 말투와 스타일로 대본을 만들어 연습하세요. '~ 있습니다, ~ 있다, ~ 있어, ~있어요' 등 상황에 맞춰 꼭 수정해가며 만드시기 바랍니다.
- 꼭 배우자나 다른 가족 또는 상위 리더와 함께 연습하시기 바랍니다.
- 명심하세요! 컨택은 바로 브리핑 또는 프레젠테이션을 하는 시간이 아니라 세미나에 초대하거나 다음 약속을 잡는 데 목적이 있습니다. 상대가 궁금증을 느낄 정도로만 짧게 안내해주셔야 합니다.

1 그거 다단계, 피라미드 아닌가요?

모의연습

가망고객   혹시 그거 다단계 같은 거 아니에요?

Q1. 네, 맞아요. 혹시 예전에 네트워크 경험이 있으신가요?

가망고객   아니요. 저는 아니지만, 제 주변에 다단계로 성공한 사람을 한 분도 못 봐서요.

Q2. 혹시 세미나를 참석하거나 제품을 구매해본 적이 있으신가요?

가망고객   네, 제품만요. 제품들은 좋은데 사업은 안 했어요.

Q3. ○○님 생각에는 왜 주위 분들이 성공하지 못한 것 같으세요?

가망고객   팔려고만 하니까요. 사재기시키고. 다단계가 다 그렇잖아요. 상위 직급자만 돈이 되고…….

Q4. 네, 맞아요. 당연히 그렇게 생각하실 수 있어요. 그런데 ○○님, 정말 합리적으로 보상을 주는 회사도 있습니다. 상위 직급자만 돈이 벌지도 않고, 판매보다는 초대

위주로 비즈니스를 올바로 하는 곳이 있어요. 염려하시는 부분은 절대 없을 겁니다. 혹 정말 괜찮은 비즈니스가 있다면, 5분 정도 시간 괜찮으신지요? 잠시 알아보는 건 어떠세요?

가망고객   네, 그러죠~

선택형 질문

Q. 왜 그렇게 생각하시나요?

Q. 예전에 다단계를 경험해본 적 있으신가요?

Q. 다단계 사업에 대해 잘 알고 있으신가요?

Q. 만약 아니라면 한번 들어보시겠어요?

Q. 다단계, 피라미드 사업에 대해 어떻게 생각하고 있으신가요?

공감형 질문

Q. 아 네, 저도 다단계, 피라미드라고 생각했습니다. 그런데 세상에 다단계 형태가 아닌 조직은 없듯이, 우리 비즈니스도 그와 비슷하다고 보시면 됩니다. (미소) 평소 네트워크 마케팅에 대해선 어떻게 생각하시나요?

Q. 그렇죠. 다단계, 피라미드처럼 보일 수 있다고 생각합니다. 혹시 실례가 안 된다면 한 가지만 여쭤봐도 될까요? 예전에 다단계 사업에 대해 들어보시거나 경험해본 적 있으신가요? 있다면 지금은 어떻게 생각하시는지요?

Q. 아 네, 저도 처음에는 피라미드라고 생각했습니다. 그런데 이 회사는 불법 피라미드가 아닌 합법적인 네트워크 마케팅입니다. (미소) 만약 우리 비즈니스가 ○○님이 꺼려하시는 그런 비즈니스가 아니라면, 한번 알아보는 건 어떠신가요? 알아보는 것은 비즈니스를 시작하는 게 아닙니다. 우선 편안하게 들어보는 건 어떠세요?

2 다단계 제품은 너무 비싸요

모의연습

가망고객   너무 비싸요.

Q1. 어떤 점이 비싸게 느껴지시나요?

가망고객   저번에 구매한 제품보다 비싸서요.

Q2. 아, 구매하셨던 그 제품은 가격에 비해 만족하셨나요?

가망고객   네, 괜찮았어요.

Q3. 예전에 구매하셨던 가격과 비슷하고, 퀄리티는 더 좋은 제품이 있다면 한번 비교해보는 건 어떠신가요?

가망고객   네, 우선 카탈로그 한번 보여주세요.

선택형 질문

Q. 어떤 부분이 비싸다고 생각하세요?

Q. 구매하려는 목적을 정확히 알 수 있을까요?

Q. 건강을 위해 한 달에 어느 정도의 비용을 투자할 수 있으신가요?(건강식품의 경우)

Q. 예전에 드신 건 가격이 얼마나 했나요? 가격에 비해 효과를 보셨나요?

Q. 다이어트를 위해 한 달에 어느 정도의 비용을 투자할 수 있으신가요?(다이어트제품의 경우)

Q. 피부를 위해 한 달에 어느 정도의 비용을 투자할 수 있으신가요?(화장품의 경우)

Q. 시중 제품보다 퀄리티가 좋고 나중에 캐시백까지 되는 상품이라면, 한 달에 얼마나 지출할 수 있으신가요?(생필품 외 제품의 경우)

공감형 질문

Q. 네, 다단계 제품이 너무 비싸게 느껴지시는군요. 혹시 제가 두 가지만 여쭤봐도 될까요? 어떤 부분 때문에 이 제

품(사업 비용)이 비싸다고 느껴지시나요? 그렇다면 어느 정도 가격대가 합리적인 것 같으세요?

Q. 네, 저와 같은 생각을 하셨네요. 그런데 제가 전달한 많은 소비자분이 만족을 하시고 지속적으로 재구매가 일어나고 있습니다. 그래서 제 인세 수입도 점점 늘어나고 있습니다. 만약 이 제품이 ○○님이 생각하시는 것보다 가격대비 퀄리티가 좋고, 어떻게 재구매로 돈이 되는지 궁금하다면 한번 알아보는 건 어떠신가요?

Q. 아 네, 저도 처음에는 다단계 제품이 비싸다고 생각했습니다. 그런데 막상 소비자로 경험을 해보니 가격대비 훨씬 훌륭하다고 느껴집니다. 구매하지 않으셔도 되니, 만약 이 제품이 ○○님이 생각하는 것보다 가격대비 퀄리티가 좋다면 상품 설명을 한번 들어보는 건 어떠신가요?

3

우리 가족이 결사 반대 합니다

모의연습

가망고객 우리 남편의 반대가 너무 심해요. 제가 이거 하는 줄 알면 난리날 거예요.

Q1. 네, 혹시 예전에 네트워크 사업 경험이 있으신가요?

가망고객 아니요, 해본 건 아닌데 세미나에 몇 번 참석했어요.

Q2. 그 당시 세미나에 참석하셨던 이유를 알 수 있을까요?

가망고객 지인이 가보자고 해서 갔어요. 그냥 돈도 좀 벌고 싶었고.

Q3. 가서 보니 어떠셨어요?

가망고객 다단계가 다 그렇듯이 제가 과연 될까 싶더라고요. 저는 못 할 것 같아요. 자신이 없어요.

Q4. 처음에는 저도 자신이 없었어요. 특히 어떤 부분에서 제일 자신이 없으신가요?

가망고객 말도 잘 못하고, 판매도 못해요.

**Q5. 남편이 반대하는 게 두려우신가요? 아니면 비즈니스를

할 자신이 없으신가요?

가망고객   사실 돈 벌어온다는데 싫어하는 남편이 어디 있나요? 솔직히 자신이 없어요.

Q6. 그렇다면 ○○님이 걱정하시는 만큼 말주변이 있어야만 할 수 있는 일은 아니에요. 만약 판매를 잘 해야 하는 일이 아니라면, 먼저 한번 알아보는 것부터 시작하면 어떨까요?

가망고객   정말 그게 가능해요?

Q7. 네, 비즈니스를 시작하는 게 아니라 알아보는 것이니 미팅에 꼭 참석하시면 좋겠습니다. 다음 주 수요일 괜찮으세요?

선택형 질문

Q. 왜 가족이 반대하는지 여쭤봐도 될까요?

Q. 반대하는 이유가 뭐라고 생각하세요?

Q. 가족들이 반대를 안 한다면, 비즈니스를 알아볼 마음은 있으신가요?

공감형 질문

Q. 네, 가족의 반대가 심해서 걱정하시는군요. 그런데 가족분들이 생각하는 문제점이 뭔지 알려주시겠어요? 혹, 그 문제점이 이 회사와 이 팀에서는 없는 부분이라면, 한번 알아보는 건 어떠신가요?

Q. 아, 그렇죠. 처음에는 누구나 가족의 반대를 경험합니다. 저 또한 겪었습니다. 만약 배우자님께 이 사업을 소개해드렸을 때 긍정적으로 생각하신다면 어떠세요? 그땐 제대로 시작해보실 수 있을까요?

Q. 네, 그 마음 충분히 이해합니다. 저 또한 가족의 반대가 심했습니다. 혹시 배우자님을 세미나에 초대할 수 있으신가요? 배우자님께서 정확한 브리핑을 들으신다면 긍정적인 반응을 보이실 수도 있습니다. 두 분이 함께 세미나에 참석하는 건 어떠신지요?

4 시간이 너무 없어요

모의연습

가망고객 죄송한데, 제가 다른 걸 할 시간이 전혀 없어요.

Q1. 네, 그러시군요. 현업 때문에 많이 바쁘신가요?

가망고객 직장일이 끝나더라도 바로 육아에 신경 써야 해서 다른 일을 할 시간적 여유가 없네요.

Q2. 그렇죠. 저도 아이가 있기 때문에 그 마음 잘 압니다. 만약 아이가 다 크고 나면 일할 마음이 있으신가요?

가망고객 그럼요, 불안하니까요. 맞벌이는 해야 하고.

Q3. 네트워크 마케팅은 어떻게 생각하세요?

가망고객 아직 잘 모르겠지만, 좋게 생각하진 않아요.

Q4. 네, 그렇게 생각하실 수 있어요. 하지만 직장생활을 하거나 육아도 틈틈이 얼마든지 할 수 있는 일입니다. 비즈니스를 당장 결정할 건 아니니, 우선 잠시 알아보는 건 어떠세요?

가망고객 듣는 거야 할 수 있겠지만, 제대로 할 수 있을지는 모르겠어요.

Q5. 네, 지금 비즈니스를 하는 게 아니라 한번 알아보는 거예요. 편한 시간대가 언제세요? 평일 낮 2시쯤에는 시간이 어떠세요?

선택형 질문

Q. 어떤 일 때문에 바쁘신가요?

Q. 바쁜 이유를 여쭤봐도 될까요?

Q. 언제까지 현재처럼 바쁘게 지내실 것 같으세요?

Q. 미래를 위해 하루 중 몇 시간 정도 투자할 수 있으신가요?(하고 싶으신가요?)

공감형 질문

Q. 아, 시간이 없으시군요. 저 또한 시간이 없는 사람이었습니다. 육아(직장생활) 때문에 새롭게 무언가 시작한다는 게 쉽지 않았습니다. 하지만 정말 미래를 위해 무언가를 준비하고 싶은 마음이 있다면 꼭 알아보셨으면 합니다. 미래에 대해선 어떻게 생각하시나요? 미래를 위해 하루 몇 시간 또는 한 달에 며칠 정도 투자할 수 있으신가요?

Q. 네 맞습니다. 저 또한 시간이 없었지만, 원하는 게 생기니 어떻게 해서든 시간을 내게 되더라고요. 지금 당장 비즈니스를 시작하는 게 아니더라도 정보는 드리고 가겠습니다. 혹시 나중에 사업이나 아이템에 관심이 생기거나, 관심을 보이는 분이 주변에 있다면 꼭 제게 연락해주세요. 사업은 아니어도 소개는 해줄 수 있으신가요? (미소)

5 전혀 관심이 안 가요

모의연습

가망고객 전혀 관심이 없어요, 그쪽 일에.

Q1. 아, 그러세요? 어떤 부분에서 특히 관심 없으신가요?

가망고객 다단계에는 아예 관심 없어요.

Q2. (미소) 예전에 다단계 비즈니스 경험이 있으셨나요?

가망고객 아니요, 그런 건 아니지만, 저는 인맥도 없고 아이도 어려서 생각해본 적이 없어요.

Q3. ○○님이 보기에 이 사업은 인맥이 많아야 한다는 생각이 드세요?

가망고객 그래야 하지 않나요? 그래야 팔죠. 근데 전파는 건 질색이거든요.

Q4. 그렇죠, ○○님이 생각하시는 것처럼 그렇게 보일 수 있다고 생각합니다. 혹시 건강이나 추가소득에 관심은 있으신가요? 있으시다면 인맥이 없어도 됩니다. 육아도 병행하면서 할 수 있는 사업이니, 우리 비즈니스를 제대로 한번 알아보는 건 어떠세요?

가망고객 그런 게 어딨어요? 그렇게 말해 놓고 나중에는 아니라고 말하는 거 아닌가요?

Q5. 만약에 정말 그런 사업이 있다면 한번 알아보는 건 어떠신가요? (미소)

선택형 질문

Q. 관심 없는 이유를 여쭤봐도 될까요?

Q. 왜 관심이 없으세요?

Q. 지금 하는 일은 관심이 있어 택하신 건가요?

Q. ○○님은 어떤 일에 관심 있으신가요?

공감형 질문

Q. 네, 전혀 관심이 없으시군요. 솔직하게 말씀해주셔서 감사합니다. 저 또한 처음에는 관심이 전혀 없었습니다. 그런데 제 주위 분들이 저보다 더 많은 관심을 갖기 시작하면서 차츰 알아가게 되었습니다. ○○님은 관심이 없으시지만, 혹시 주변에 건강, 돈, 노후, 투잡 등에 관심 있는 분이 있다면 소개해줄 마음은 있으신가요?

Q. 네, 맞아요. 저 또한 관심이 전혀 없었습니다. 지금 하는 일이 바쁘거나 잘되면 당연히 그러실 수 있다고 생각합니다. 혹시 제가 두 가지만 여쭤봐도 될까요? 네트워크 마케팅에 왜 관심이 없으신지 말씀해주실 수 있을까요? 또한 요즘은 어떤 일에 관심이 많으신가요?

6 인맥이 거의 없어요

모의연습

가망고객 관심은 있는데, 인맥이 없어서 잘할 수 있을지 모르겠어요.

Q1. 성공하는 데 얼마나 많은 사람을 알아야 한다고 생각하세요?

가망고객 많으면 많을수록 좋은 거 아닌가요? 저는 말주변도 없고.

Q2. 말을 잘해야 할 수 있는 사업 같으세요? 왜 그렇게 생각하시죠?

가망고객 말을 잘해야 잘 팔고, 사업자도 많이 만들 수 있을 것 같아요.

Q3. 저 또한 말주변이 없고, 인맥도 많지 않지만 그래도 할 수 있는 사업이기에 시작했어요. 이 사업에 대해 정확히 알아본 후 판단하시면 어떨까요?

가망고객 네, 우선 한번 보죠.

선택형 질문

Q. 사업을 하는데 몇 명 정도 함께 하면 될 것 같으세요?

Q. 성공하는데 얼마나 많은 사람을 알아야 한다고 생각하시나요?

Q. 왜 ○○님 주위에 인맥이 없다고 생각하시나요?

Q. ○○님이 보기에는 주위에 사람이 많아야 이 사업을 잘할 수 있을 것 같으세요?

Q. 인맥이 없어도 할 수 있는 사업이라면 한번 알아보시겠어요?

공감형 질문

Q. 네, 인맥이 없으면 힘들 수 있다고 생각하시는군요. 이 사업은 인맥이 많아야 쉬울 거라고 보시나요? 저도 처음에는 그렇게 생각했어요. 그런데 인맥으로 하는 사업이

아니었습니다. 인맥보다 중요한 게 따로 있었어요. 인맥이 없어도 할 수 있는 사업이라면, 제대로 알아보시면 어떨까요?

Q. 네, 저도 인맥이 많아야 한다고 생각했습니다. 하지만 ○○님 주변에 이 비즈니스에 관심 있고, 함께 할 두세 분만 있어도 가능한 사업입니다. 믿기실지 모르시겠지만, 정말 사실입니다. 섣불리 판단하기 전 먼저 제대로 알아보는 건 어떠신가요?

7 우리 아이 챙기는 게 더 급해요

모의연습

가망고객   아직 우리 아이가 너무 어려요. 그래서 지금은 안 하고 싶어요.

Q1. 사실 아이를 돌보면서 할 수 있는 일이랍니다. 알아본다고 해서 사업을 시작하는 건 아니니 한번 들어보는 건 어떠세요?

가망고객   그래도 당분간은 육아에만 전념할래요.

Q2. 그럼 아이가 몇 살 정도 되면 관심이 생기실까요?

가망고객   그래도 아이가 초등학교는 들어가야죠. 그리고 저 말도 잘 못해요, 소심하고.

Q3. 저도 소심한 A형이지만 즐겁게 하고 있습니다. 가정에 소홀하지 않고, 육아를 하면서도 충분히 진행할 수도 있어요. 잠깐 시간 내서 알아보는 건 어떠신가요?

가망고객   시간이 없어요.

Q4. 음, 그럼 지금 한 10분 정도, 시간 어떠세요?

가망고객   네, 그 정도는 괜찮아요.

선택형 질문

Q. 가정을 돌보면서도 같이 할 수 있는 사업이라면 어떻게 생각하세요?

Q. 아이가 몇 살 정도 되면 사업을 시작할 수 있다고 생각하시나요?

공감형 질문

Q. 네, 아이가 걱정되시는군요. 저도 아이 챙기는 게 제일 급합니다. 제 아이도 아직 어려서(고3이라서) 그 말씀에 공감합니다. 하지만 저는 아이와 더 오랫동안 행복한 시간을 함께하기 위해 지금 이 사업을 하고 있습니다. 아이를 충분히 챙기면서 할 수 있다면 어떠신가요?

Q. 네, 저도 처음에는 가정을 소홀히 할 수밖에 없는 사업인

줄 알았습니다. 하지만 아이를 돌보면서도 충분히 할 수 있는 사업입니다. 아무래도 비즈니스에 할애하는 시간이 많으면 좋겠지만, ○○님의 의지만 있다면 가족을 챙기면서도 충분히 할 수 있습니다. 먼저 정확히 알아보는 건 어떠신가요?

8 판매는 영 자신이 없어요

모의연습

가망고객 저는 뭘 파는 일엔 정말 자신 없어요.

Q1. 이 사업이 물건을 파는 것처럼 보이시나요?

가망고객 네, 그래야 하지 않나요?

Q2. 아닙니다. 저도 판매에 자신이 없어서 영업이 아닌 이 사업을 시작했어요. 어떻게 생각하세요?

가망고객 어떻게 그게 가능하죠?

Q3. 이 사업에는 판매보다 중요한 것이 있습니다. 한번 알아보시겠어요?

가망고객 뭔가요?

Q4. 음, 그럼 지금 한 10분 정도, 시간 어떠세요?

가망고객 네, 그 정도는 괜찮아요.

선택형 질문

Q. 이 사업이 판매하는 것처럼 보이시나요?

Q. 저는 판매를 잘할 것처럼 보이시나요?

Q. 혹시 판매를 잘하시나요?

Q. 만약 판매하는 사업이 아니라면 한번 알아보시겠어요?

공감형 질문

Q. 네, 판매에는 자신이 없어서 걱정이시군요. 저도 처음에는 판매하는 일인 줄로만 알고 힘들 것이라고 생각했습니다. 하지만 네트워크 마케팅은 영업이 아닙니다. 만약 이 사업이 ○○님이 생각하는 판매 사업이 아니라면 제대로 한번 알아보는 건 어떠신가요?

Q. 네, 혹시 제가 두 가지만 여쭤봐도 될까요? 판매를 하고

싶으신가요, 아니면 정말 판매에 자신이 없으셔서 말씀하시는 건가요? 우리 비즈니스는 판매 사업은 아니나, 판매를 같이 하면 더 큰 수익을 얻을 수 있습니다. 원하는 부분이 있으면 말씀해주시겠어요?

Q. 네, 저도 판매에 자신이 없어서 이 비즈니스를 시작했습니다. 이상하게 들리시겠지만, 사실입니다. 정확한 정보를 전달해주면 되는 일이었습니다. 우선 세미나에서 제대로 알아보고 난 후에 비즈니스의 시작 여부를 고민해보시면 어떨까요?

9

주변에서 성공한 사람을 한 명도 못 봤네요

모의연습

가망고객   제 주변에 하는 사람이 많은데 아무도 돈 된다는 사람은 못 봤네요.

Q1. 혹시 그 중에 같이 해본 네트워크 사업이 있으신가요?

가망고객   사업은 아니고, 제품만 구매했어요.

Q2. 혹시, ○○님 생각에는 그분들이 왜 성공하지 못한 것 같으세요?

가망고객   이제 시작한 사람들이 돈이 되겠어요? 처음 한 사람들이나 괜찮겠죠.

Q3. 사업을 본격적으로 해보셨나요, 아니면 알아보기만 하셨나요?

가망고객   사업은 안 하죠, 절대. 관심 없어요.

Q4. (미소) 네, 맞아요. 충분히 그렇게 생각하실 수 있어요. 그런데 ○○님, 정말 합리적으로 보상을 주는 회사도 있습니다. 이제 시작하신 분이 수입을 역전할 수도 있고, 판매보다는 초대 위주로 비즈니스를 올바로 하는 곳도 있

고요. 염려하시는 부분은 절대 없을 겁니다. 혹시 정말 괜찮은 비즈니스가 있다면, 5분 정도 시간 괜찮으세요? 잠시 알아보는 건 어떠세요?

가망고객   정말요?

Q5. 네 정말이에요. (미소) 먼저 제대로 알아보세요.

선택형 질문

Q. 예전에 네트워크 사업 경험이 있으신가요?

Q. ○○님이 생각하실 때 그분들이 왜 성공하지 못한 것 같으세요?

Q. 어떤 부분이 문제가 되는 것 같으세요?

공감형 질문

Q. 네, 주변 사람들 중에 성공하신 분을 못 보셨군요. 저도 처음에는 전혀 없는 줄 알았습니다. 혹시 주변에 네트워크 사업을 하는 분들이 많으셨나요? 그 분들은 왜 성공하지 못한 것 같으세요? 저도 궁금해집니다. 만약에 ○○님이 염려하는 문제가 전혀 없다면, 우리 사업에 대해 알아보는 건 어떠신가요?

Q. 네, 저도 같은 생각이었습니다. 사업부터 시작한 게 아니라 먼저 소비자로 좋은 아이템을 만났기 때문이죠. 혹 사업은 아니어도, 가격대비 좋은 제품이 있다면, 소비자로 먼저 만나보는 건 어떠신가요?

10

저는
진짜 말을
잘
못해요

모의연습

가망고객 제가 말주변이 없어요. 그래서 전혀 못 할 것 같아요.

Q1. 말을 잘하는 것과 전혀 상관이 없는 비즈니스라면 어떻게 생각하세요?

가망고객 그게 가능한가요? 말을 잘해야 잘 팔 것 같은데.

Q2. 혹시 예전에 네트워크 마케팅 경험이 있었나요?

가망고객 아니요, 그런 건 아니지만. 설명을 잘 못 할 것 같아요.

Q3. 말을 즐겨 하기보다는 잘 들어주는 편이세요?

가망고객 네, 저는 듣는 게 더 편하고 좋아요.

Q4. 그럼 더 잘 된 거예요. 우리 비즈니스는 지식과 정보를 전달하는 것보다 경청이 더 중요하거든요. 그리고 저는 단지 이 회사(제품)를 잘 이해하고 있을 뿐입니다. 말주변이 없어도 할 수 있는 사업이니 용기를 내보세요. 먼저

회사와 아이템을 알아보는 건 어떠신가요?

가망고객　　네, 알겠어요.

선택형 질문

Q. 말을 잘해야 한다고 생각하시나요?

Q. 왜 그렇게 생각하시나요?

Q. 말주변은 없어도 듣는 것은 잘하시나요?

Q. 저는 말주변이 있어 보이나요?

공감형 질문

Q. 네, 말을 못하면 힘들다고 생각하시는군요. 저도 처음에는 말을 잘해야 한다고 생각했습니다. 그런데 말주변이

없던 제가 이 비즈니스에 오히려 흥미를 느끼고 재밌어하고 있습니다. 믿겨지시나요? (미소) 말을 잘하는 능력보다 더 중요한 것이 있습니다. 우선 제대로 한번 알아보는 건 어떠신가요?

Q. 아, 제가 말 잘하는 것 같아 보이세요? 그렇게 보인다니 놀라운데요. 저는 단지 이 회사(제품)를 잘 이해하고 사실만 말한 것뿐입니다. 말주변이 없어도 할 수 있는 사업이라면 알아보는 건 어떠신가요?

Q. 저도 진짜 말을 잘 못했던 사람 중에 한 명이었습니다. 말주변이 있는 게 이 사업에 플러스가 되는 건 확실합니다. 혹시 판매는 자신 있으신가요? 물론 저희가 판매하는 사업은 아니지만, 판매를 같이하시면 더 빠른 수익을 창출할 수 있습니다. 우선 제대로 세미나를 들어보는 건 어떠신가요?

1. 제 이미지만 나빠질 것 같은데요

2. 회원가입이 싫은데 그냥 당신 코드로 구입해주세요

3. 혼자서는 자신이 없어요

4. 그래서 당신은 지금 얼마나 벌어요?

5. 지금 시작하면 이미 늦은 거 아닌가요?

6. 세미나에 가기 싫은데요

7. 결국 상위 분들만 돈을 버는 거 아닌가요?

8. 대체 무슨 일하는 분이세요?

9. 왜 광고를 하지 않나요?

10. 이거 얼마 만에 효과를 보는데요?

가장 까다로운
'난감 질문' 10가지

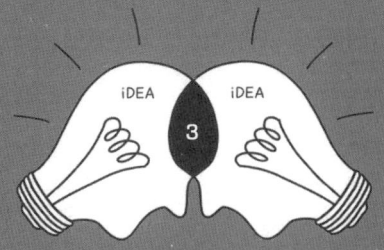

선택형 질문, 공감형 질문에서 알아야 할 것

- 가장 많이 듣는 질문에 대응하는 방법은 크게 두 가지로 선택형 질문, 공감형 질문을 하는 것입니다. 둘 다 다음 약속을 잡기 위한 목적입니다.
- '선택형 질문'을 통해 질문에 질문으로 대응하면 여러분이 계속해서 대화를 주도할 수 있습니다.
- '공감형 질문'은 선택형 질문을 하기 전, 상대방의 부정적 감정을 없애기 위한 목적의 질문입니다.
- 질문할 때 최성애 박사님의 감정코칭전문가 과정 중 핵심 3단계를 적용하도록 합니다.

1단계. 부정적인 감정을 인정합니다.

2단계. 거울식 반영법으로 가망고객의 질문을 다시 반복해서 인정합니다.

3단계. '만약 ~ 하다면, 어떻게'로 질문합니다.

실전연습을 할 때
알아야 할 것

- 제시된 질문을 토대로 하되 반드시 자신만의 말투와 스타일로 대본을 만들어 연습하세요. '~ 있습니다, ~ 있다, ~ 있어, ~있어요' 등 상황에 맞춰 꼭 수정해가며 만드시기 바랍니다.
- 꼭 배우자나 다른 가족 또는 상위 리더와 함께 연습하시기 바랍니다.
- 명심하세요! 컨택은 바로 브리핑 또는 프레젠테이션을 하는 시간이 아니라 세미나에 초대하거나 다음 약속을 잡는 데 목적이 있습니다. 상대가 궁금증을 느낄 정도로만 짧게 안내해주셔야 합니다.

1

제 이미지만 나빠질 것 같은데요

선택형 질문

Q. 왜 그렇게 생각하시나요?
Q. 이 사업의 어떤 부분 때문인지 여쭤봐도 될까요?
Q. 주변에 아는 분의 경험이 있으신가요?

공감형 질문

Q. 네, 이미지가 나빠질 것 같아서 걱정이시군요. 저도 처음에는 그럴까 봐 걱정했습니다. 판매해야 하는 사업이라고 생각했기 때문이죠. 하지만 제대로 알아보니 판매 사업이나 영업이 아니었습니다. 만약 이미지에는 전혀 문제가 되지 않는 일이라면 한번 알아보는 건 어떠신가요?

Q. 맞아요. 그렇게 생각할 수 있습니다. 혹시 어떤 부분이 가장 문제가 될 것 같으신가요? 그 부분이 부담스러우시다면, 사업이 아니라 소비자로 제품만 경험해보는 건 어떠세요?

2 회원가입이
싫은데
그냥
당신 코드로
구입해주세요

선택형 질문

Q. 회원가입 없이 구입하고 싶으신가요?

Q. 가입을 꺼리시는 이유를 물어봐도 될까요?

Q. 혹시 제품에 효능이 있다면 소개해주고 싶은 분이 있으신가요?

공감형 질문

Q. 네, 회원가입이 싫으시군요. 저도 처음에는 가입이 꺼려져 다른 분의 코드로 제품을 구입했습니다. 혹시 어떤 문제가 염려되시나요? 만약 우리 회사가 ○○님이 염려하는 문제가 전혀 없다면 가입에 대해 한번 알아보는 건 어떠신가요?

Q. 네, 해드릴 수 있습니다. 제가 두 가지만 여쭤봐도 될까요? 예전에 회원가입으로 문제된 적이 있으신가요? 있다면 어떤 문제였는지요?

3 혼자서는 자신이 없어요

선택형 질문

Q. 왜 자신이 없으세요?

Q. 어떤 부분에서 자신이 없으신가요?

Q. 혼자 하는 사업이 아니라 여러 명이 같이 도와준다면 어떻게 생각하세요?

공감형 질문

Q. 네, 자신이 없으시군요. 그렇게 생각하실 수도 있습니다. 그런데 이 사업은 혼자 하는 사업이 아니고, ○○님을 도와주실 분이 많이 있습니다. 전혀 걱정 안 하셔도 됩니다. 한번 제대로 알아보는 건 어떠신가요?

Q. 네, 혼자서는 누구나 자신이 없습니다. 이해합니다. 혹시 ○○님은 어떤 일을 할 때 제일 자신 있으세요? 만약 말하는 것보다 격려해주고 들어주는 것만으로도 사업을 시작할 수 있다면, 한번 알아보는 건 어떠신가요?

Q. 네, 저도 혼자라면 두려웠겠지요. 또한 1억이란 큰돈을 투자했다면 두려웠을 것입니다. 하지만 이 사업이 시간과 열정만 투자해도 되는 사업이라서 선택했습니다. ○○님은 어떻게 생각하세요?

4 그래서 당신은 지금 얼마나 벌어요?

선택형 질문

Q. ○○님은 얼마를 벌고 싶으신가요?
Q. 제가 어느 정도 수입이 되면 이 사업을 알아보실 건가요?
Q. 자본을 투자하지 않고 어느 정도 수입을 얻어야 많이 번다고 생각하시나요?

공감형 질문

Q. 네, 제가 얼마나 버는지 궁금하시군요. 저는 월 ( )의 목표를 두고 하고 있습니다. ○○님은 얼마를 벌고 싶으신가요? 사업을 시작한다면 하루 몇 시간 정도 투자할 수 있으신가요?

Q. 저는 아직 큰 목표에 도달하진 못했지만, 무자본으로 제 열정을 투자해서 얻은 소득으로는 아주 만족하고 있습니다. 자본을 투자하지 않고 시간만 투자해서 어느 정도를 벌면 합리적이라고 생각하세요?

5

지금 시작하면 이미 늦은 거 아닌가요?

선택형 질문

Q. 왜 늦었다고 생각하시나요?

Q. 늦은 게 아니라면 사업에 관심 있으신가요?

Q. 몇 프로 정도의 인지율이라면 사업을 하시겠어요?

공감형 질문

Q. 네, 지금 시작하면 늦다고 생각하시는군요. 저도 처음에는 늦었다고 생각했습니다. 그런데 사업을 할수록 지금이 최고의 타이밍이라는 생각이 듭니다. ○○님은 몇 프로 정도의 인지율이라면 사업을 하시겠어요?

Q. 네, 시각에 따라 늦었다고 볼 수도 있을 것입니다. 혹시 늦었다는 말씀에 대해 자세하게 이야기해줄 수 있으세요? (나이, 시대 타이밍, 회사인지도 등) 어떤 부분이 특히 그렇게 느껴지시나요?

6 세미나에 가기 싫은데요

선택형 질문

Q. 왜 가기 싫으신지 이유를 여쭤봐도 될까요?

Q. 미팅 참여는 싫으시지만 사업(또는 아이템)에는 관심이 있으신가요?

Q. 예전에 가본 적이 있으신가요? 있다면 어떻게 가게 되셨나요?

공감형 질문

Q. 네, 세미나가 부담스러울 수도 있습니다. 저도 처음에는 세미나가 너무 부담스러웠습니다. 그런데 대박 난 분들이 모여 있는 곳이라면 떠들썩한 건 당연하다고 생각합니다. 어떤 부분이 제일 싫으셨나요? 미팅에 참여하는 게 정 싫으시면 제품이라도 알아보는 건 어떠세요?

Q. 네, 맞아요. 저도 그랬습니다. 혹시 어떤 부분이 부담스러우신가요? 만약 물건을 구매하는 게 아니라 편안하게 정보를 듣는다면 한번 같이 알아보는 건 어떠신가요?

7 결국엔 상위 분들만 돈을 버는 거 아닌가요?

선택형 질문

Q. 왜 그렇게 생각하시나요?

Q. 예전에 그런 경험이 있으셨나요?

Q. 주위에 그런 경험이 있는 분을 본 적이 있으신가요?

공감형 질문

Q. 네, 많은 사람들이 상위 분들만 돈을 번다고 생각하고 있습니다. 하지만 상위 분들만 돈을 버는 게 아니라 이제 시작한 분이라도 수입을 추월할 수 있는 마케팅이 있습니다. 만약 합리적인 마케팅이라면 한번 들어보는 건 어떠신가요?

Q. 네, 저도 처음에는 그렇게 생각했습니다. 혹시 예전에 네트워크 마케팅 경험이 있으신가요? 만약 ○○님이 생각하는 비합리적인 마케팅이 아니라면 한번 알아보는 건 어떠신가요?

8

대체 무슨 일하는 분이세요?

선택형 질문

Q. 혹시 ○○○이라고 아세요?

Q. ○○님 눈에 저는 무슨 일을 하는 것 같아 보이세요?

공감형 질문

Q. 네, 제가 무슨 일을 하는지 궁금하시군요. 저는 ○○○ 사업을 하고 있습니다. 혹시 들어보셨어요? 들어보셨다면 어떤 경로로 들어보신 건가요?

Q. 네, 혹시 제가 어떤 일을 하는 사람처럼 보이는지 여쭤봐도 될까요? (미소) 저는 네트워크 마케팅을 하고 있습니다. 주 아이템은 ○○○입니다. (명함을 주면서) 지금은 관심이 없으실 수도 있습니다. 혹시 몇 년이 지나 주위에 저와 같은 회사 사업자를 만나게 되면, 꼭 제게 연락해주세요.

Q. 네, 혹시 아이템 ○○○가 필요하신가요? 만약 좀 더 퀄리티가 좋고 가격도 저렴한 제품이 있다면 브랜드 체인징 하는 건 어떠신가요?

9 왜 광고를 하지 않나요?

선택형 질문

Q. 왜 광고를 안 한다고 생각하시나요?

Q. 만약 그 광고를 하는 대신 광고비를 우리에게 주는 거라면 어떻게 생각하시나요?

Q. TV 광고를 하는 게 더 효과적이라고 생각하시나요?

Q. 맛집을 찾아갈 때 주로 광고를 통해 알게 되시나요? 아니면 지인을 통해 알게 되시나요?

공감형 질문

Q. 네, 저도 처음에는 왜 광고를 안 할까 의아했습니다. 그런데 이 사업(아이템)을 부지런히 알린 저에게 엄청난 광고비를 준다면 어떻게 생각하시나요?

Q. 아, 광고하지 않는 이유가 궁금하시군요. 그런데 만약 기존 광고의 효과보다 네트워크 마케팅으로 진행했을 때 더 큰 매출이 일어난다면 어떻게 생각하시나요? 그게 사실이라면 한번 알아보는 건 어떠신가요?

Q. 네 맞습니다. 저도 전에는 그렇게 생각했습니다. 혹시 뭐 하나 여쭤봐도 될까요? ○○님은 맛집을 찾아갈 때 주로 지인 소개로 가시나요, 아니면 광고를 통해 가시나요?

이거 얼마 만에 효과를 보는데요?

선택형 질문

Q. 얼마 만에 효과를 보고 싶으세요?

Q. 어느 정도 시간을 투자할 수 있으세요?

Q. 한 달에 어느 정도 투자할 수 있으세요?

공감형 질문

Q. 네, 얼마 만에 효과를 보는지 궁금하시군요. 저도 처음에는 정확한 기간이 궁금했습니다. 먼저 몇 가지만 여쭤볼게요. 혹시 예전에 다른 프로그램을 해본 경험이 있으신가요? 그때 투자대비 효과가 어땠나요? 그리고 ○○님이 원하는 효과와 투자할 수 있는 금액, 시간을 말씀해주시겠어요?

에필로그

 글을 쓰는 동안, 초기사업자였을 때의 제 모습을 참 많이 떠올렸습니다. 저 또한 다른 분들과 마찬가지로 처음 네트워크 사업을 만나 수많은 실수를 반복했던 사람입니다.

 저는 임신 7개월 차에 이 비즈니스를 시작했습니다. 12년간 유학 생활을 하다 왔기에 우리나라에는 인맥이 거의 없었고, 사회 경험도 부족한 20대라서 어려움이 많았습니다. 100번의 거절과 시행착오 끝에야 저는 깨달았습니다. 그 후 더는 아이템의 우수성이나 보상플랜의 탁월함만을 이야기하지 않았습니다. 먼저 질문을 통해 상대방의 니즈를 찾고, 그 니즈에만 포커스를 두고 정보를 드렸습니다. 그때부터 제 비즈니스는 결과를 얻기 시

작했고, 이 단순한 방법을 많은 분과 공유했습니다. 제 경험을 바탕으로 지금 시작하는 분들의 실수를 줄이는 데 도움이 되고자 하는 마음에 책을 출간하기에 이르렀습니다.

저에게 많은 코칭을 해주셨던 업라인 스폰서님 또한 상대방의 필요에 집중하셨고 그 결과 엄청난 성공을 거두셨습니다. 소비자면 소비자대로, 사업자면 사업자대로 모두 필요가 같을 수는 없습니다. 하지만 필요는 분명히 있습니다. 그 니즈를 빠르고 정확하게 찾는 분은 내공이 깊어지신 분일 것입니다. 다양한 지식을 갖추고 말주변이 좋은 사람보다 상대방의 정확한 니즈를 파악해서 초대를 잘하는 사람만이 네트워크 마케팅에 성공할 수 있습니다.

이 책은 단순히 읽는 것으로 끝내는 책이 아니라는 점을 다시 한 번 강조합니다. 반복해서 읽고 연습하셔야 합니다. 질문을 통해 초대의 로드맵을 계속 그려가야 합니다. 능숙해지는 순간이 찾아오면 네트워크 마케팅 사업의 고수가 되실 것으로 확신합니다. 제가 존경하는 리더들을 보면 대부분 문제해결 능력이 상당히 뛰어납니다. 처음부터 리더가 될 순 없지만, 컨택부터 사람의 마음을 얻는 연습을 한다면 분명 네트워크 마케팅의 최고 리더 자리까지 이를 수 있습니다.

저는 오늘도 새로운 분을 만나 초대할 것입니다. 매일 지루한 반복의 결과로 엄청난 성공이 찾아올 것입니다. 누구를 초대해야 가능성이 있을까 판단하지 마시고, 전부 다 초대하십시오.

저를 응원해 주시는 모든 분께 진심으로 감사드립니다. 여러분의 성공을 진심으로 응원합니다.